AF232106

RÉCIT

DES OPÉRATIONS

DE

L'ARMÉE ROYALE

DU MIDI.

RÉCIT

DES OPÉRATIONS

DE

L'ARMÉE ROYALE

DU MIDI,

SOUS LES ORDRES DE MONSEIGNEUR DUC D'ANGOULÊME,

DEPUIS LE 9 MARS JUSQU'AU 16 AVRIL 1815.

Par M. Elisée Suleau.

Quæque..... vidi.

PARIS,

PÉLICIER, LIBRAIRE, AU PALAIS-ROYAL,

GALERIE DES OFFICES, N° 10.

A. ÉGRON, IMPRIMEUR-LIBRAIRE,

RUE DES NOYERS, N° 37.

1815.

AVANT-PROPOS.

Quiconque entreprend d'écrire la relation d'événemens contemporains, peut craindre, avec raison, d'être froidement accueilli par une partie de ses lecteurs; ces récits n'ont pour eux ni ce prestige qui vient de l'éloignement, ni ce prix qu'ajoute la curiosité à tout ce qui lui est inconnu. Mais si ces mêmes récits, au lieu d'être les archives de la gloire ou de la prospérité d'un peuple dans ses rapports avec les autres peuples, sont les tristes monumens de ses erreurs et de ses dissensions intestines, que d'obstacles ne doivent point arrêter l'écrivain dans sa marche !

Interprète de l'opinion contemporaine, il faut qu'il anticipe malgré lui sur les arrêts de la postérité ; il juge souvent quand il ne voudrait que raconter ; et dans ses écrits, quelque circonspects et modérés qu'ils puissent être, les éloges qu'il ne pourra refuser aux uns, seront toujours la condamnation des autres.

Cependant, comme au sortir des troubles civils la voix de la vérité peut encore être étouffée par les derniers murmures de toutes les passions soulevées ; comme l'usurpation, quelque passagère que soit sa durée, laisse toujours des traces profondes, il est bon de rétablir dans son véritable jour tout ce qui a pu être falsifié et dénaturé par elle.

De semblables relations, considérées comme les papiers de famille des peuples, sont un héritage que doit la génération présente aux générations futures. Puissent nos neveux, en les parcourant, y moins remarquer le parjure que le noble dévouement, les actions coupables que les actions généreuses !

Puissent-ils surtout, plus heureux que leurs devanciers, léguer à ceux qui les suivront des annales moins fécondes en erreurs et en calamités !

OPÉRATIONS

OPÉRATIONS

DE

L'ARMÉE ROYALE

DU MIDI.

—

Buonaparte opérait son fatal débarquement sur les côtes de Provence, à la même
époque où le duc d'Angoulême se rendait à
Bordeaux pour y célébrer l'heureux anni-
versaire du 12 mars. C'est au sein de cette
cité fidèle que la première nouvelle de ce
sinistre événement parvint subitement au
Prince dans la matinée du 9 mars. Ce même
jour devait être signalé par une fête que le
commerce et la ville de Bordeaux lui avaient
offerte, ainsi qu'à son auguste épouse. Le duc
d'Angoulême y parut avec un front calme,

qui ne décelait ni les soucis, ni les desseins de son âme, et à minuit il était parti pour aller chercher dans la fidélité des contrées méridionales, des armes et des ressources contre les progrès de l'usurpateur.

Sur ces entrefaites, Buonaparte, à qui la trahison avait déjà ouvert les portes de Grenoble et de Lyon, pénétrait dans le cœur du royaume. La rapidité de sa marche à travers les départemens des Hautes-Alpes et de l'Isère, et la défection du colonel français qui, le premier, vendit à un aventurier son honneur et son Roi, n'ayant point permis qu'il pût être attaqué sur ses flancs, tous les efforts devaient tendre à opérer une puissante diversion sur les derrières des armées rebelles, et à préserver de leur joug odieux l'une des plus belles portions de l'héritage de Saint-Louis.

L'esprit public des différentes provinces

dont se composait le gouvernement du Prince, garantissait le succès de cette noble résolution. Partout la nouvelle du débarquement au Golfe-Juan avait excité la plus violente indignation ; partout le plus vif et le plus sincère enthousiasme avait éclaté sur le passage du Prince, que les habitans saluaient déjà comme leur libérateur.

Marseille frémissait encore de n'avoir pu atteindre dans sa course trop rapide le fléau de la France ; Montpellier, Nîmes, Toulouse, Montauban, rivalisaient ensemble d'énergie et de dévouement. Les habitans accouraient en foule se ranger sous le drapeau blanc. On exprimerait difficilement jusqu'à quel point était nationale dans tout le midi la haine contre l'usurpateur. Son nom seul était un objet d'horreur pour les femmes et pour les enfans. Sur toute la route du Prince, les mères lui amenaient elles-mêmes leurs fils, et les lui offraient pour marcher au combat sous ses ordres. «Que veut-il, cet homme de l'île d'Elbe ? » disaient dans leur langage naïf ces bons paysans du Languedoc et de la Provence. « Que vient-il chercher parmi nous ? Croit-il que l'ennemi de notre Roi puisse être notre ami ? Ne voyons-nous pas que ses mains sont dégouttantes de sang, et qu'il traîne à sa suite la peste et la famine ? » De tels sentimens pouvaient produire les plus grands résultats. C'est du fond du Béarn que Henri IV avait marché à la délivrance du royaume ; c'est encore du sein des contrées méridionales que l'un de ses descendans devait s'avancer pour combattre une nouvelle ligue. La formation des corps de Volontaires Royaux et de Gardes Nationales avait été ordonnée dans toute l'étendue du gouvernement du Prince ; Sisteron, le Saint-Esprit et Clermont furent indiqués pour points de rassemblement. Il fut résolu que l'armée du midi serait divisée en trois corps différens, qui devaient agir à la hauteur les uns des autres, pour se réunir tous sous

les murs de Lyon. Le premier corps, formé
dans le département des Bouches-du-Rhône,
et commandé par le lieutenant-général Ernouf, devait déboucher de Sisteron sur Gap
et sur Grenoble. Le second, commandé par
le Prince en personne, devait se porter sur
Montelimart, passer la Drôme et occuper
Valence. Le lieutenant-général Compans,
avec le troisième, maintenait l'Auvergne,
facilitait le mouvement sur Lyon, et pouvait
même réaliser, en liant ses opérations à celles
des armées de l'ouest, le projet tant de fois
déçu, de la réunion du camp de Jalès à la
Vendée. Le lieutenant-général Rey, avec un
corps intermédiaire, composé en partie des
Gardes Nationales de la Haute-Loire et de
l'Ardèche, devait marcher sur la droite du
Rhône, entre les deuxième et troisième
corps. Toulon et Marseille devaient fournir
des munitions de toute espèce au corps d'armée de droite ; des entrepôts devaient être
établis à Saint-Flour et au Saint-Esprit, pour

les deux autres. La manufacture d'armes de Tulles et celle de Saint-Etienne (1) entre Le Puy et Lyon, pouvaient armer toute la population. Les draps de la manufacture de Lodève, l'une des plus florissantes de France, suffisaient à l'habillement de toutes les troupes qui pouvaient être levées. Pour activer et régulariser toutes les mesures que nécessitaient les circonstances, un gouvernement central fut établi à Toulouse sous la direction du baron de Vitrolles, qui s'y était rendu en qualité de commissaire-général du Roi.

Madame était à Bordeaux, et sa seule présence garantissait la fidélité des dixième et onzième divisions militaires, en un mot, de tout le pays situé sur la gauche de la Garonne, et entre le canal du midi et les Pyrénées. Rhodès, Montauban, Cahors, et en général tout

(1) Des agens, préposés à cet effet, devaient enlever à fur et à mesure tous les produits de cette manufacture.

le pays qui s'étend entre la Garonne et la Dordogne, était d'autant plus facile à préser-ver de toute entreprise hostile, et même de la contagion du mauvais exemple , qu'on n'y peut pénétrer que par différens ponts ou pas-sages de rivières , que des paysans armés suf-fisent pour défendre. La réunion de toutes ces forces était imposante , et le plan du prince, aussi vaste que sagement conçu, eût néces-sairement fait triompher la cause du Roi, si la trahison n'eût arrêté dès ses premiers pas , celui devant lequel la force avait déjà plié ; si à côté des grands moyens qu'offraient les pro-vinces du midi , ne se fussent trouvés de nom-breux et insurmontables obstacles ; si, là, comme partout , la patrie n'eût dû être en-chaînée et livrée par ses propres défenseurs à son plus cruel ennemi. Les troupes de ligne, répandues sur les différens points du midi, étaient loin de partager les sentimens des ha-bitans : à travers le concert de bénédictions qui s'élevait vers le trône du meilleur des rois, elles avaient entendu cette voix fatale, partie des bords du Golfe-Juan, qui avait appelé toutes les passions, réveillé toutes les idées criminelles, tous les désirs insensés. Comprimées par la crainte des habitans, elles n'osaient encore éclater ; mais déjà dans toutes les villes qu'elles occupaient leur contenance morne et silencieuse semblait les isoler du reste de la population. Néanmoins les différens officiers-généraux qui les commandaient, juraient tous d'être fidèles. Le maréchal Masséna, dans la huitième division militaire, les lieutenans-généraux, Ambert, à Montpellier, Darricau, à Perpignan, Saint-Paul, dans la Lozère, Cassagne, dans la Haute-Garonne ; les maréchaux de camp Lafitte, dans l'Ardèche, Aymard, dans l'Hérault, Gardanne, dans le Var, protestaient tous, par des lettres multipliées, d'un zèle et d'un dévouement à toute épreuve. Ils promettaient beaucoup, mais déjà leur hésitation, quand il fallait agir, les retards qu'ils apportaient dans l'exécution des ordres qui leur étaient transmis, et les prétextes dont ils cherchaient à les colorer, faisaient pressentir qu'ils étaient loin d'être décidés à suivre loyalement le Prince et sa fortune. Plus nombreuse et non moins redoutable dans sa bassesse, une foule d'employés subalternes travaillant avec mystère et persévérance contre les intérêts du Roi, entravait toutes les opérations, brisait tous les ressorts de la volonté publique.

Quelques hommes, connus depuis long-temps dans nos époques désastreuses, et redoutables par une longue habitude des troubles et des moyens révolutionnaires, tenaient en main les fils de toutes les trames ourdies contre l'autorité légitime. Quelques Protestans aussi, dans le département du Gard, usaient de leur influence au préjudice de la cause du Roi; la faction qui avait aplani les voies à l'usurpateur, n'avait rien épargné pour réveiller dans leur âme des inquiétudes qui devaient tomber d'elles-mêmes devant le système de tolérance garanti par la Charte et les principes bien connus du Monarque. La nouvelle de l'occupation de Paris par Buonaparte vint ajouter aux criminelles espérances des factieux, mais ne fit qu'exalter davantage l'ardeur et le dévouement de tous les fidèles sujets du Roi ; le Prince, dont l'ardeur croissait avec les obstacles, n'en pressa que plus vivement la concentration de ses forces au Saint-Esprit. On y vit arriver successivement des compagnies franches, des bataillons de Gardes Nationales de Vaucluse, de l'Hérault et du Gard ; le 14ᵉ de Chasseurs à cheval ; le 1ᵉʳ régiment d'Infanterie-Royal-Etrangers, inaccessible par sa composition, aux passions dont presque toutes les troupes étaient travaillées ; enfin, le 10ᵉ de ligne, ou Colonel-Général, fier du nom de Condé, fier de s'être formé sous les auspices du Nestor de la bravoure et de la fidélité. Ce régiment fort de près de mille baïonnettes, commandé par le comte

Louis d'Ambrugeac, se faisait remarquér autant par sa belle tenue et sa discipline militaire, que par une loyauté de sentimens qui
reportait à ces temps heureux de la monar-
chie, où l'épée du soldat était le premier ap-
pui du trône. La marche de ce fidèle régiment,
depuis Perpignan jusqu'au Saint-Esprit, avait
été un véritable triomphe : partout il s'avançait environné des vœux et des bénédictions
des habitans. Ces bons Languedociens, ravis
de voir des militaires partager leurs trans-
ports, ne pouvaient se lasser de leur entendre
crier : *Vive le Roi.* On citera long-temps ce
mot d'un soldat, qui, pressé de répéter ce cri
d'amour, répondit à des habitans de Béziers :
*C'est à vous de crier vive le Roi, c'est à nous
de le défendre.* Quand ce régiment arriva près
de Nîmes, le Prince lui avait fait l'honneur
d'aller à sa rencontre, et de rentrer à sa tête
dans la ville.

Les Gardes Nationales, les Volontaires

Royaux ne se faisaient pas moins remarquer par une chaleur de sentimens, par une exaltation qui tenait du délire. Des hommes de tout âge, de toute condition, s'arrachant à leurs études, à leurs travaux, n'écoutant que la voix de l'honneur et de la patrie, avaient voulu marcher dans les rangs comme simples soldats ; des chevaliers de Malte, des chevaliers de Saint-Louis, accablés par les années, mais jeunes de courage et de dévouement, avaient repris leurs épées pour affronter encore une fois, sous la conduite d'un Fils de France, les fatigues, les dangers de la guerre. Dès que le mouvement de concentration fut effectué, le Prince envoya l'ordre de se porter en avant au lieutenant-général Ernouf, dont toutes les forces s'étaient réunies à Sisteron, dès le 27 mars.

Le général Chabert, sorti de Grenoble avec 400 hommes, pouvait seul s'opposer à sa marche. Le Prince, résolu de commencer ses opérations dans la vallée du Rhône, marcha aussitôt avec toutes ses forces sur Montelimart. Le vicomte d'Escars, qui, à la tête de l'avant-garde, avait occupé cette ville dès le 29, avait été attaqué le lendemain par le général Debelle, venu de Valence, et non seulement n'avait pu être entamé dans sa position, mais avait repoussé vivement l'ennemi : il aurait même poursuivi ses avantages sans la défection de cinquante Chasseurs du 14°, qui désertèrent à l'ennemi avec leurs officiers.

Cette première trahison ne fit qu'en précéder d'autres plus fâcheuses encore. On ne tarda point à apprendre que l'autorité du Roi avait cessé d'être reconnue par les généraux qui commandaient dans la Haute-Loire, la Lozère et l'Ardèche. Tous, après avoir licencié les Gardes Nationales qui arrivaient par détachemens, avaient arboré la cocarde tricolore. Le général Compans, nommé au commandement du 3ᵉ corps, et à qui le Prince avait appris lui-même, le 24, l'occupation de la capitale par Buonaparte avait de nouveau juré fidélité, et était en toute hâte parti pour Paris.

Pour prévenir les tristes résultats de toutes ces défections, il devint indispensable de s'assurer du Saint-Esprit; on travailla promptement à mettre la citadelle à l'abri d'un coup de main. Le général Merle, avec un bataillon de Royal-Etrangers, deux bataillons du Gard et six pièces de canon, fut chargé de sa défense; il devait, en même temps, dans cette position, presser l'organisation de tous les corps qui seraient dirigés successivement sur l'armée du Prince, et contenir les régimens laissés sur les derrières à Nîmes, Avignon et Montpellier. Le colonel Magnier fut chargé d'assurer la rive droite du fleuve, avec une colonne de Gardes Nationales, qui devait marcher à la hauteur du corps d'armée du

Prince qui s'avançait sur la rive gauche. Le quartier-général était, le 1ᵉʳ avril, à Monteli-mart ; le corps d'armée en entier continua son mouvement sur Valence, l'avant-garde, sous les ordres de M. le vicomte d'Escars, les Gardes nationaux au centre, et le 10ᵉ d'Infante-rie en réserve avec l'artillerie. L'ardeur des soldats était à son comble ; la présence d'un prince français dans leurs rangs, l'aspect de ces fleurs de lis, de ces nobles bannières blanches auxquelles se rattachent tant de glorieux souvenirs, électrisaient tous les cœurs, et les remplissaient d'une ardeur martiale à laquelle les rebelles se flattaient en vain de résister. A peine leur cavalerie se fut-elle montrée à une lieue en avant de Loriol, qu'elle fut attaquée avec impétuosité par les Volontaires Royaux, que le Prince fit soutenir par deux compagnies de Voltigeurs du Colonel-Général ; les rebelles, vivement repoussés, évacuèrent la ville de Loriol, qui tomba au pouvoir de l'armée royale.

Poursuivi sans relâche, l'ennemi se retira jusqu'au-delà de la Drôme, dont il espérait défendre le passage, en occupant le pont et les hauteurs qui dominent la rive droite de la rivière. C'est dans cette position, fortifiée par la nature, qu'il concentra toutes ses forces. Elles consistaient en un bataillon du 39.ᵉ de ligne, un corps de Gardes Nationales du département de la Drôme, deux pièces de huit servies par l'artillerie à cheval du 4.ᵉ régiment, un détachement de Gendarmerie, le dépôt du 4ᵉ de Hussards, et quelques jeunes gens de la Garde d'honneur de Valence, qui s'était formée à l'occasion du passage de Monsieur, et qui venaient combattre son fils. Le Prince ne crut pas devoir leur laisser le temps de respirer ; il se porta rapidement en avant pour reconnaître le pont. Dans ce même moment une charge de cavalerie, exécutée par l'ennemi sur la grande route, vint échouer contre une compagnie de grenadiers du 10.ᵉ, qui l'arrêta court en croisant la

(17)

baïonnette sans tirer un coup de fusil. Cette
dernière démonstration devint le signal d'une
affaire générale. Le 10.ᵉ reçut l'ordre de déboucher en entier de Loriol et de se placer
en colonne. Le Prince, après avoir détaché
sur sa gauche pour menacer le pont, quelques grenadiers et une compagnie de fusi-
liers, fit placer en batterie quatre pièces de
canon et deux obusiers, et ordonna de poin-
ter sur le pont et les hauteurs; quelques vo-
lées suffirent pour dissiper les révoltés de la
Drôme : les troupes de ligne restèrent seules
à la défense du pont. L'ennemi avait négligé
d'occuper un moulin qui touchait à la culée.
Le Prince y jeta de suite cent cinquante grenadiers du 10ᵉ, tandis que les Voltigeurs du
même régiment s'emparaient d'une ferme sur
la droite de la route, et obligeaient l'ennemi,
par la vivacité de leur feu, à reculer son artillerie. Dans cette position le Prince pouvait
opter entre deux partis : attendrait-il le résultat des manœuvres qu'il avait ordonnées sur

2

sa droite, pour tourner l'ennemi par Crest, et le contraindre à la retraite en menaçant ses flancs? ou bien effectuerait-il le passage de vive force? Ce dernier parti l'emporta. La situation des choses nécessitait une action d'éclat; il fallait intimider la rébellion, anéantir ses coupables espérances avec les seules troupes de ligne placées en avant de l'Isère : en conséquence, tandis qu'un bataillon de Gardes Nationales est chargé d'aller traverser la Drôme à gué au-dessus du pont, le duc d'Angoulême donne lui-même aux grenadiers du Colonel-Général l'ordre d'attaquer, et se porte de sa personne près du moulin, où le feu était le plus vif. La vue du Prince, son sang-froid, sa gaîté qui redouble avec le danger, ont bientôt électrisé tous les courages : vingt-cinq Voltigeurs s'élancent sur le pont, les Grenadiers les suivent la baïonnette en avant aux cris de *vive le Roi!* Rien ne résiste à tant d'impétuosité ; en un instant l'artillerie, les caissons, presque toute l'infanterie ennemie et son aigle sont au pouvoir de l'armée royale. Le village et les hauteurs de l'Ivron sont bientôt occupés. Une dernière pièce d'artillerie est enlevée par quelques Chasseurs du 14ᵉ, qui servaient d'escorte au Prince. Toute l'armée rebelle est en déroute, sur toute la ligne les cris de *vive le Roi ! vive la France !* viennent saluer le Prince qui, au milieu des trophées de la victoire, ne songe qu'à arrêter l'effusion du sang. Parmi les prisonniers se trouva le colonel d'artillerie Noël, commandant en chef les révoltés en l'absence du général Debelle, qui, après avoir fomenté la rébellion, avait jugé prudent de se retirer, et d'attendre à l'écart l'issue du combat. La clémence du Prince après la victoire dut faire rougir ses ennemis : il ordonna avec une vive sollicitude que tous les soins possibles fussent prodigués aux blessés et aux prisonniers, dans lesquels il ne fallait voir, disait-il, que des frères égarés ; mais il demanda compte sévèrement aux officiers de tout le sang français versé par leur propre faute.

Les troupes témoignaient à grands cris le désir de pousser jusqu'à Valence; mais la journée était avancée, l'armée n'y serait entrée que de nuit, et il en pouvait résulter des désordres difficiles à prévenir : le Prince préféra s'arrêter au village de la Paillasse. Sur les dix heures du soir il voulut aller visiter les bivouacs; les bons propos des soldats, leurs expressions franches et naïves, qui toutes respiraient leur attachement pour lui, qui toutes lui attribuaient l'honneur de la journée, durent plus d'une fois faire tressaillir son cœur. Transportés de joie à son aspect, les soldats du 10.ᵉ, qu'il vint voir les premiers, allumaient des torches de paille, et l'accompagnaient aux cris répétés de *vive le Roi ! vive le duc d'Angoulême !*

Le lendemain 3 avril, le Prince fit son entrée dans Valence à huit heures du matin à la tête de toutes ses troupes. Le maire et le conseil municipal étaient venus l'attendre aux portes de la ville; mais il ne fit que la traverser, et continua sa marche sur Romans avec une partie de ses forces. L'occupation de cette ville pouvait seule assurer le passage de l'Isère; le général Debelle, dans sa fuite précipitée, avait négligé de couler les bacs et de détruire le pont, qui n'est praticable que pour les gens de pied. Le lieutenant-général Monnier, malgré les efforts de l'ennemi, jeta sur la rive droite environ quinze cents hommes et deux pièces de quatre. Le Prince revint le jour même à Valence. Dès le lendemain toutes les mesures furent prises pour assurer la soumission du département de la Drôme. Le maréchal-de-camp baron de Damas en fut nommé gouverneur. Le sous-préfet de Montelimart remplaça dans les fonctions de préfet le marquis Descorches-de-Sainte-Croix, qui s'était dévoué aux rebelles et les avait suivi dans leur retraite.

On put reconnaître promptement jusqu'à

quel point avait été travaillé par les factieux, l'esprit public de ce département (1).
Tout avait été mis en œuvre pour aigrir et
effrayer les habitans. L'armée royale leur

(1) Le lieutenant-général Mouton Duvernet, qui
y commandait avant le débarquement de Buonaparte, et le préfet qui l'administrait, avaient puis-
samment contribué à égarer les esprits. Ce dernier,
vendu dès le premier moment à la cause de l'usurpateur, au nom duquel il administrait, correspondait
néanmoins avec le Prince, et l'assurait sans cesse de
son dévouement au Roi et de ses efforts en faveur de
la bonne cause, avec une duplicité et une audace plus
faites pour étonner que pour abuser.

Une liasse de lettres adressées par lui aux généraux
de l'armée royale, fut ramassée sur le champ de ba-
taille par des Voltigeurs du 10e; elles tendaient toutes
à ébranler leur fidélité et à les détacher de la cause du
Roi. Le sous-préfet de Valence fut aussi destitué par
le Prince. Le sous-préfet se vengea par une relation
circonstanciée des événemens, qu'il adressa à son ministre (M. Carnot), et qui fut insérée dans les papiers du temps.

avait été peinte sous les couleurs les plus af-
freuses ; la bonté, la magnanimité même du
Prince avaient été calomniées. « Il arrivait,
leur disait-on, altéré de vengeance ; ce n'était
point la fidélité, c'était le meurtre et le bri-
gandage qui marchaient contre eux sous les
bannières blanches. » A tous ces discours de
l'imposture le petit-fils d'Henri **IV** opposait
ses bienfaits et le noble langage de la vérité.
« Habitans, leur disait-il dans sa proclama-
« tion, l'ennemi de la France a passé près de
« vous, vous l'avez souffert ; la guerre civile,
« une invasion étrangère, tels sont les tristes
« résultats de la trahison des uns, de la cré-
« dulité ou de l'infidélité des autres. Des
« hommes étrangers au nom français, ou in-
« téressés au désordre, se sont armés pour
« une cause qui se fonde sur la violence et
« sur la trahison ; mais ils sont en petit
« nombre. Ceux qui ont voulu s'opposer à
« mon passage ont été dispersés. Je suis venu
« ici non pour vous punir, vous l'êtes assez

« par les maux , suite nécessaire d'une
« guerre intestine ; je viens vous sauver de
« l'oppression et vous rappeler à vos ser-
« mens. »

Ces paroles généreuses ne produisaient aucun effet, la multitude était entraînée par un
esprit de vertige qu'une fatale expérience
pouvait seule dissiper. Les journaux de Paris
annonçaient la continuation de la paix, et
présentaient l'Europe entière comme com-
plice du traître qu'elle mettait au même
moment hors de toutes les relations civiles et
sociales. En vain avait-on fait répandre et pu-
blier sur tous les points la déclaration du con-
grès, les promesses fallacieuses de l'usurpateur étaient seules écoutées.

On ne devait plus compter que sur la force
des armes ; sous ce rapport c'était un grand pas
de fait que l'occupation de Valence ; le Prince
était maître du passage de l'Isère , son aile gau-

che se trouvait assurée par la colonne qui s'é-
tait avancée jusqu'à Tournon en balayant tout
ce qui avait voulu s'opposer à sa marche; une
troupe de paysans armés, descendue des montagnes, avait occupé Privas après en avoir vivement repoussé le général Lafitte. Le Prince
n'attendait plus que le résultat des opérations
du premier corps d'armée, pour déboucher
sur Lyon. Au-dedans de cette ville des intelli-
gences pratiquées avec soin, les dispositions
d'une partie des habitans, dignes encore de
leur ancienne renommée, devaient en ouvrir
les portes à l'armée royale; à l'extérieur quelques dépôts, quelques canons sans canonniers
pour les servir, sans chevaux pour les traî-
ner, et huit cents hommes d'infanterie placés
à Saint-Rambert, pouvaient seuls lui en dis-
puter l'entrée. Un grand nombre de Français
dévoués du département de la Haute-Loire
et du Forez étaient venus rejoindre le Prince
au quartier-général de Valence; des députa-
tions de ces deux départemens lui avaient

annoncé que tout y était préparé pour qu'un mouvement général y éclatât à son arrivée dans Lyon. Les nouvelles du premier corps devaient donc tout décider ; elles ne tardèrent pas à détruire toutes les espérances.

Le lieutenant-général Ernouf avait occupé Sisteron dès le 27 mars. Sur le bruit de sa marche, le maréchal-de-camp Chabert était sorti de Grenoble avec la majeure partie de la garnison de cette ville, et s'était porté aux Travers-de-Corps. L'escorte qui l'accompagnait était chargée de bulletins et de proclamations ; il en avait répandu avec profusion dans tous les lieux où il prévoyait que passerait l'armée royale. Le lieutenant-général Ernouf, instruit de ce mouvement, avait divisé son armée en deux colonnes, qui se mirent en marche le 3o mars, afin de coïncider avec les opérations du deuxième corps, qui, le même jour, avait marché du Pont-Saint-Esprit sur Montelimart. Le maréchal-de-camp

Gardanne, avec la première colonne, compo-
sée du 58ᵉ régiment de ligne , de quelques
compagnies du 87ᵉ, d'un bataillon de Gardes
Nationales et d'une compagnie d'artillerie ,
avait dû se porter sur Saint-Bonnet et les
Travers-de-Corps. Les instructions de cet
officier – général lui prescrivaient d'éviter
toute communication avec le général Chabert, surtout de ne point faire entrer ses
troupes dans Gap , et de se rendre à Saint-
Bonnet, lieu désigné pour la station, par la
route de droite qui conduit dans les montagnes. Le maréchal-de-camp comte de Loverdo avait reçu ordre de se porter à la
tête de la seconde colonne sur Lamure, par
Serres et Aspremont; par cette marche, le
général Chabert se trouvait tourné, et sa retraite sur Grenoble devenait impraticable.

La conduite du général Gardanne fit tout
échouer. Il parlementa avec le général Chabert, et au lieu de marcher directement sur

Saint-Bonnet , il fit entrer ses troupes dans Gap. Le mal gagna rapidement. Corrompu par les perfides suggestions des rebelles , le 58e était déjà passé sous leurs étendards , avant l'arrivée du lieutenant-général Ernouf qui n'eut que le temps de faire rétrograder les compagnies du 87e, ainsi qu'une partie du dépôt du 9e, pour les arracher à la contagion qui commençait à les atteindre.

Avec quelque promptitude que le général Ernouf eût pu donner avis de ce malheureux événement au comte de Loverdo, en lui enjoignant de se replier sur le 2e corps d'armée si les mêmes symptômes de rébellion venaient à se manifester dans ses troupes, ses ordres avaient été devancés par le général Gardanne : il s'était porté, sans perdre un seul instant , au quartier-général de son collègue pour conférer avec lui. Instruits par les émissaires de Chabert de la défection du 58e , les soldats du 83e avaient abandonné le comte de Loverdo. Ce général, repoussant avec dédain les offres infâmes de la rébellion, avait ramené sur Sisteron les Gardes Nationales toujours fidèles, mais effrayées d'une telle désertion.

Le Prince, en apprenant ces derniers événemens, sentit avec douleur qu'il fallait renoncer à son premier projet. La marche sur Lyon n'étant plus appuyée par le corps d'armée de droite, devenait impraticable ; le cours du Rhône donnait à l'ennemi la facilité de porter rapidement des forces sur tous les points menacés, et même sur les derrières de l'armée. En supposant que l'on pût pénétrer dans Lyon avant les troupes de ligne que l'usurpateur y envoyait en poste, se maintiendrait-on facilement dans une grande ville dont les opinions étaient partagées, et qui touchait à une partie des départemens où le délire révolutionnaire s'était le plus violemment prononcé, du moment où Buonaparte

avait mis le pied sur le sol de France ? Le jour
marqué par la Providence pour la délivrance
du royaume n'était point encore arrivé : chercher à se maintenir dans le midi devait être
désormais le but de tous les efforts du Prince,
en attendant, pour reprendre l'offensive, la
diversion des troupes sardes et espagnoles,
que les ambassadeurs de France auprès des
cours de Madrid et de Turin annonçaient
comme très-prochaine. Tout pouvait encore
assurer l'exécution de ce plan : le marquis de
Rivières était toujours à Marseille, unissant
son zèle et son dévoûment pour le service du
Roi au zèle et au dévoûment des fidèles Provençaux. Toulon était occupé par le maréchal Masséna qui correspondait par des es-
tafettes continuelles , et renouvelait sans
cesse les assurances de sa fidélité. Le général
Merle répondait du Pont-Saint-Esprit ; le maréchal Pérignon venait de prendre le commandement des 8ᵉ, 9ᵉ et 10ᵉ divisions militaires ; le baron de Vitrolles et le comte

Etienne de Damas étaient toujours à Toulouse, d'où ils cherchaient à étendre, par des expéditions militaires, l'autorité du Roi dans les départemens limitrophes. MADAME était encore à Bordeaux, forte de ses vertus et de l'amour des Bordelais.

On devait donc chercher à gagner du temps sans se laisser entamer, tandis que les corps de l'armée royale se renforceraient tous les jours des Compagnies Franches et des détachemens de toute arme, dont l'arrivée était annoncée. En conséquence, la ville de Romans fut évacuée; le pont et les bacs qui pouvaient faciliter à l'ennemi le passage de l'Isère, furent détruits, et dès le 5 avril toute l'armée fut concentrée dans Valence.

Dans le même moment, un nouvel orage se préparait sur les derrières de l'armée royale. Un soulèvement général était au moment d'éclater parmi les troupes restées en Provence et en Languedoc : tous les moyens de corruption employés par les agens de Buonaparte avaient prévalu sur les bontés du Prince et la voix de l'honneur : le général Gilli destiné à une triste célébrité dans ces temps de malheur, s'était rendu à Nîmes avec des instructions et des pleins-pouvoirs du ministère de Buonaparte, pour fomenter la rébellion. Les officiers en demi-solde, une partie de la Gendarmerie, et quelques hommes de 93 étaient ses principaux auxiliaires ; le lieutenant-général Ambert, commandant dans la 9ᵉ division militaire, s'était associé dès le premier moment à ces trames criminelles ; le Prince qui l'avait honoré de sa confiance, l'apprit avec une surprise amère : son long attachement au général Moreau, les persécutions de Buonaparte et les bontés du Roi eussent garanti la fidélité de cet officier général, si l'ambition ne savait pas également oublier l'injure et le bienfait. Bientôt les nouvelles les plus sinistres se succédèrent, les

troupes étaient en pleine insurrection à Montpellier et à Nîmes; la cocarde tricolore était
arborée, et le Gouvernement de l'usurpateur
proclamé par les autorités militaires. Le lieutenant-général Briche et le maréchal de camp
Pélissier qui avaient voulu s'opposer à ce mouvement, étaient prisonniers de leurs propres
soldats (1).

Sur le front de l'armée, le danger croissait avec une égale rapidité. Le général Piré
qui occupait la rive droite de l'Isère, avait
reçu des renforts; Saint-Marcellin était au
pouvoir de l'ennemi. Le général Grouchy
était sorti de Lyon, et s'avançait à marche
forcée sur Valence. Des paysans insurgés de
la Bourgogne et du Dauphiné étaient en

(1) Des soldats qui, comme ceux du Bas-Empire,
s'arrogent le droit de déposer leur souverain légitime,
se feront-ils scrupule de respecter un simple centu-
rion? Après une révolution de palais, c'est peu de
chose qu'une révolution de caserne.

route pour le soutenir. La colonne du lieutenant-général Ernouf resserrée dans un pays
âpre et difficile, ne pouvait point dépasser
Grenoble, et ne communiquait que difficilement avec le 2° corps ; les troupes insurgées
de Nîmes pouvaient, en deux jours, arriver
au Pont-Saint-Esprit, et en l'emportant, cou-
per toute communication avec la Provence ;
il devenait urgent de se replier sur-le-champ,
et de se porter derrière la Durance. Ce mouvement rétrograde détruisait nécessairement
les plans d'opération du Prince, mais il sau-
vait sa personne, et assurait sa retraite sur
l'une des parties de la Provence ; tous les chefs
de l'armée, tous les fidèles serviteurs qui
l'entouraient, appuyaient ce parti comme le
plus sage de tous ; le prince lui-même recon-
naissait qu'il lutterait en vain contre la nécessité. Mais moins attentif à son salut qu'au sort
de tous ceux qui avaient suivi sa fortune, il
voulut différer sa retraite jusqu'à ce qu'il eût
fait prévenir de la situation des choses le gé-

néral Loverdo, auquel il avait ordonné de venir le joindre avec le 8ᵉ régiment d'infanterie, dont on ignorait encore la défection, et quelques autres troupes du 1ᵉʳ corps. D'ailleurs, il avait été recommandé au général Merle de se maintenir au Pont-Saint-Esprit. La citadelle de cette ville était un poste susceptible de défense, et ne pouvait être attaquée sérieusement qu'après la réunion des régimens de Nîmes et de Montpellier.

Cependant la consternation se répandait dans la ville : signe ordinaire de la détresse publique, la joie brillait sur le front des ennemis de l'ordre ; tous les Français fidèles paraissaient tristes et abattus, les acclamations dont ils saluaient le Prince à son passage, étaient toujours aussi vives, aussi franches, mais c'était déjà la voix de la douleur qui les prononçait. Les illuminations qui avaient paru les deux premiers jours, devenaient plus rares, peu à peu toutes les fenêtres se dégarnissaient des drapeaux blancs dont elles avaient été ornées lors de l'entrée du Prince. On apercevait encore çà et là des inscriptions, des devises, emblêmes touchans des premières espérances qui contrastaient tristement avec les dangers du présent et les menaces de l'avenir. Les rebelles du pays, de jour en jour plus audacieux, n'étaient plus contenus que par l'appareil militaire, les compagnies du Colonel-Général bivaquaient sur les promenades et les places publiques.

Un événement qui prouva jusqu'à quel point pouvait aller l'excès de la rage et du fanatisme révolutionnaires, vint frapper tous les esprits. Un garde champêtre est arrêté portant sur lui un drapeau tricolore. Le malheureux, conduit chez le baron de Damas, gouverneur de la ville, s'y brûla la cervelle. Un tel acte de désespoir devait faire supposer les plus criminelles intentions. Les soldats étaient sans cesse circonvenus par des malveillans qui n'épargnaient rien pour ébranler leur courage et leur fidélité ; employant même avec un art perfide le langage d'une feinte bienveillance , ils cherchaient à effrayer les Gardes Nationales et les Volontaires Royaux sur le sort de leurs femmes et de leurs enfans laissés à la merci des troupes insurgées dans le midi. « Ne feraient-ils pas mieux de retourner dans leurs foyers pour veiller à leur sûreté ? Que voulaient-ils ? Qu'espéraient-ils ? Le Roi n'avait-il pas quitté la France ? Devait-on s'obstiner à combattre pour sa cause, quand lui-même en avait désespéré ? » Tous ces discours sans cesse répétés produisaient le découragement, et le découragement bientôt amena la désertion.

Le 6 au matin arrivèrent des dépêches du général Merle , qui annonçaient que les troupes rebelles marchaient en toute hâte sur le Pont-Saint-Esprit. Le général Merle

ajoutait qu'il ne répondait pas de sa défense. Cette dernière nouvelle décida la retraite ; elle fut ordonnée pour la nuit suivante, et les préparatifs se firent avec secret
pour tromper l'ennemi. Le même jour, sur
le midi, une canonnade assez vive, qui se
fit entendre sur la rive droite de l'Isère, vint
encore redoubler l'alarme publique. Les événemens postérieurs ont prouvé qu'elle n'é-
tait qu'une fausse démonstration de l'ennemi,
qui feignait de vouloir effectuer son passage
au Port-Saint-Jacques, tandis que par une
marche rapide, la plus grande partie de ses
forces devait venir passer à Romans et se
porter sur Valence. L'ordre fut envoyé au
colonel Magnier de suivre le mouvement rétrograde en côtoyant la rive droite. Le Prince
manda au lieutenant-général Ernouf que les
événemens de Nîmes, de Montpellier et de
tout le Languedoc, le mettant dans la nécessité de se retirer sur Orange et de là derrière
la Durance, son intention était que toutes les

forces du premier corps se concentrassent sur
Sisteron pour tenir fortement ce débouché.
Le château de cette place avait déjà été mis
en état de défense par les ordres du général
Ernouf. L'artillerie avait été remontée sur
des affûts qu'il avait fait venir de Toulon. Il
était approvisionné en munitions de guerre
et de bouche. Le dépôt du 9.ᵉ d'infanterie en
forma la garnison; les portes de Tallard, le
pont de Sauvinnes, l'Entonnoir de Mio-
lans, furent gardés par les compagnies du
87.ᵉ, et les Gardes Nationales des Basses-Alpes
et du Var.

Le 7 avril à deux heures du matin le corps
d'armée se mit en mouvement; le 14.ᵉ de
Chasseurs, qui avait rejoint l'armée la veille,
fut destiné à faire l'arrière-garde avec deux
bataillons de Gardes Nationales; le 10.ᵉ de
ligne ouvrait la marche. A dix heures du soir
le Prince avait quitté Valence et s'était rendu
dans ses bivouacs, où les soldats l'avaient ac-

cueilli avec les démonstrations accoutumées d'amour et de dévouement.

On arriva à la pointe du jour au pont de la Drôme, qui avait été occupé la veille par le régiment Royal-Étranger. La vue de ces lieux, théâtre du premier triomphe de l'armée Royale vint ajouter à tous les regrets, à toutes les douleurs. L'armée avait traversé ce même pont pleine de forces et d'espérance ; quelques jours s'étaient à peine écoulés, et déjà elle revenait sur ses pas vaincue sans combat par la trahison, et ramenant dans ses rangs un Prince généreux qui s'était confié à sa foi, et que mille dangers environnaient. A cette cruelle pensée la douleur et l'abattement se peignaient tour-à-tour sur tous les visages, tous les regards se reportaient sur ce Prince, objet de tant de dévouement et de tant de sollicitudes ; mais lui, toujours calme, le front toujours serein, opposait à cette nouvelle épreuve un cœur éprouvé par de longues adversités; l'avenir des autres paraissait seul le toucher. Souvent il s'arrêtait dans les rangs, parlant aux simples soldats avec cette expression de bonté qui appartient à son auguste famille, et leur adressait de ces mots qui vont à l'âme et dédommagent en France de tous les dangers et de toutes les fatigues. L'armée fit une halte de deux heures dans la ville de Loriol où le Prince eut une conférence avec un ministre du roi de Sardaigne qui lui apporta des dépêches. A une lieue environ de Montelimart, le colonel du 14ᵉ de Chasseurs fit prévenir que son régiment, malgré tous ses efforts et ceux de ses officiers, était au moment de passer à l'ennemi; l'ordre fut donné à une compagnie de Voltigeurs du 10ᵉ de rester à l'arrière-garde pour le contenir. A peine arrivés à Montelimart, les Chasseurs manifestant, avec de violens murmures, les mêmes intentions, le colonel, navré de douleur et les larmes aux yeux, vint en rendre compte au Prince qui

lui déclara que son régiment pouvait rebrous-
ser chemin sur Loriol.

Le découragement devenait général, les
bataillons de Gardes Nationales s'affaiblis-
saient de plus en plus; les soldats de l'artillerie, qui n'avaient jamais inspiré une entière confiance, commençaient à éclater; ils
se reprochaient hautement d'avoir pu tourner leurs pièces contre les soldats rebelles,
et n'attendaient qu'un moment favorable
pour passer dans leurs rangs. A ces dispositions effrayantes se joignaient les nouvelles
les plus désastreuses: le duc de Bourbon avait
quitté les départemens de l'Ouest : on con-
naissait les dernières épreuves, les dernières
tribulations de Madame à Bordeaux; on savait que la fille de Louis XVI avait été forcée
d'abandonner la terre de France devant un
lieutenant de Buonaparte. L'attitude du maréchal Masséna (1) et les dispositions des

(1) Le maréchal Massena a développé lui-même

troupes de Toulon s'opposaient à la retraite du Prince sur cette partie des côtes de la Provence. Avignon même était maîtrisé par les troupes de ligne, l'autorité de l'usurpateur avait été proclamée par les soldats sur la totalité de la rive droite du Rhône. Toulouse avait été courbé sous le même joug, et l'étendard de la révolte avait été arboré au capitole malgré les efforts du baron de Vitrolles et du comte Etienne de Damas.

L'armée royale, fatiguée par une marche longue et pénible, fut obligée de passer la nuit à Montelimart : tout devait contribuer à faire de cette triste nuit la plus douloureuse époque de l'expédition. A dix heures du soir, le Prince reçut l'avis que le lieutenant-général Merle avait abandonné le pont du Saint-Esprit et s'était retiré à Mon-

dans un rapport officiel, une partie des moyens employés par lui pour ôter au Prince cette dernière ressource.

dragon ; M. de Vogué était resté seul à la défense du pont avec cent cinquante Gardes Nationales et deux pièces de canon qui avaient
été peu après abandonnées par les canonniers.
L'ennemi, maître de la navigation du Rhône,
pouvait se porter à la fois sur tous les points ;
l'avant-garde du général Grouchy allait bientôt paraître ; le péril devenait imminent, le
salut du Prince dépendait d'une résolution
prompte, chaque moment qui s'écoulait rendait sa position plus dangereuse. A onze
heures du soir, deux officiers entrèrent dans
son appartement ; et, lui exposant rapidement tous les dangers dont il était menacé,
ils lui proposèrent de partir sur-le-champ
dans la voiture du ministre de Sardaigne, ou
de se jeter dans les montagnes avec une troupe
choisie, et d'une fidélité à toute épreuve, qui le
conduirait en Piémont. A cette proposition, le
Prince parut violemment agité, l'expression de
la douleur et de l'étonnement était dans tous
ses traits ; puis tout-à-coup, interrompant avec

vivacité ceux qui lui parlaient, il leur demanda s'ils avaient jamais pu douter assez de lui pour croire qu'une offre semblable fût acceptée, pour croire que lui, prince et chevalier français, pût abandonner au moment du danger, comme un lâche déserteur, une armée qui s'était rassemblée à sa voix, qui avait déjà versé son sang pour lui, et qui l'aurait conduit plus loin dans le royaume sans d'infâmes trahisons. En vain les deux officiers voulurent-ils revenir à la charge en faisant envisager au Prince toute l'horreur de sa position, l'affreuse joie de l'usurpateur s'il venait à tomber en son pouvoir, sa main même se plongeant avidement dans un sang dont elle était déjà teinte; en vain lui remontrèrent-ils qu'un prince, appelé au trône par les droits de sa naissance, ne pouvait disposer de sa vie, qu'il en devait compte au royaume; toutes ces représentations furent inutiles, le duc d'Angoulême demeura inflexible. Il déclara que quels que fussent les desseins de la Providence à son égard, il n'abandonnerait jamais à la merci d'un ennemi cruel, sans convention et sans sûreté, des amis, des compagnons qui avaient suivi son étoile, que leurs destinées seraient les siennes et que rien ne les séparerait.

Ces paroles prononcées avec véhémence, arrachèrent des larmes d'attendrissement à ceux qui les entendirent; cette même nuit, le Prince avait été voir lui-même, et avait reçu chevalier de Saint-Louis, sur son lit de douleur, le capitaine d'Autanne, blessé grièvement d'un coup de feu en s'élançant sur le pont de la Drôme, à la tête d'une compagnie du 10ᵉ.

Tant de bonté, tant de magnanimité étaient pour toute l'armée royale un objet d'admiration ; le Prince donnait dans ce même moment, à cette armée fidèle, une preuve plus sensible encore de son attachement, en cédant à la plus affreuse nécessité à laquelle il pût être réduit, celle de traiter avec la rébellion. Pressé par les troupes de Lyon, dont la tête de colonne était déjà sur les pas de son arrière-garde, enfermé entre les régimens insurgés du Languedoc et de la Provence, prêt à se voir abandonné par son artillerie, il ne restait même plus au Prince la ressource de s'ouvrir un passage à travers ses ennemis, jusqu'aux rivages de la Méditerranée. Il avait donc envoyé le général d'Aultanne au Pont-Saint-Esprit, avec des pleins-pouvoirs pour obtenir de l'ennemi des conditions qui assurassent son passage.

Il fut convenu entre l'envoyé du Prince et le colonel Saint-Laurent, qui s'était avancé sur le Pont-Saint-Esprit avec l'avant-garde du général Gilli, que le duc d'Angoulême irait s'embarquer à Marseille, sous l'escorte du 10ᵉ de ligne. Le lieutenant-général d'Aultanne mandait en annonçant le résultat de sa mission, qu'il était retenu par l'ennemi en otage. Une heure plus tard, arriva une lettre du lieutenant-général Gilli, qui annonçait au Prince, que la première convention ne serait point observée. Ce général ne dissimulait point que, chargé des pleins-pouvoirs des ministres de Buonaparte, il trahirait sa confiance en souscrivant à la condition accordée par l'officier qui commandait son avant-garde. Il exagérait à dessein les dangers de la situation du Prince, affirmant même de la manière la plus positive, que le drapeau tricolore était déjà arboré à Marseille, tandis qu'au contraire le marquis de Riviére avait envoyé occuper, par une colonne de Provençaux, le pont de Tarascon, afin d'assurer le passage du Prince, en cas de retraite. Le baron de Damas, sous-chef de l'état-major, partit de suite pour entrer en explication avec le général Gilli, et aplanir toutes les difficultés.

L'armée continua son mouvement sur

La Pallue ; le désespoir était dans tous les cœurs , les bruits les plus sinistres avaient été répandus par la malveillance parmi les soldats du 10ᵉ. Quelques - uns des officiers de ce régiment, aussi indignes de leurs camarades que de leurs subordonnés, s'étaient prêtés à ce mode de corruption. Les ordres de Buonaparte étaient envoyés , leur disait-on, pour , qu'en cas d'une plus longue résistance , ils fussent tous désarmés et décimés. Les dangers seuls du Prince soutenaient encore leur courage ; dans une halte qui fut ordonnée à Pierelatte, pour attendre le résultat de la mission du baron de Damas , les cris de *vive le Roi, vive le duc d'Angoulême* , se faisaient entendre à tout moment de la tête à la queue de la colonne. Le retour du baron de Damas traînant en longueur, et faisant craindre aux soldats quelques intentions perfides de l'ennemi à l'égard du Prince , tous refusèrent de former les faisceaux , tous déclarèrent hautement que, si l'ennemi voulait les réduire au

désespoir, ils sauraient bien l'en faire repentir,
et mourraient tous, plutôt que d'abandonner
à sa discrétion un Prince qui ne compterait
pas en vain sur le rempart de leurs baïonnettes.

Enfin, le baron de Damas revint, et an-
nonça qu'une convention venait d'être acceptée et conclue de part et d'autre. Les différens articles de cette convention réglaient
les conditions suivantes : l'armée royale tout
entière était licenciée, toutes les Gardes Nationales retournaient dans leurs foyers, après
avoir déposé leurs armes ; l'oubli de tout ce
qui s'était passé antérieurement à la présente
convention leur était garanti ; les troupes de
ligne devaient être dirigées sur des garnisons
qui leur seraient assignées, les officiers de
tout grade étaient libres de donner leur démission, qui ne pouvait être refusée. Le Prince
devait se rendre en poste au port de Cette,
où les bâtimens nécessaires pour lui et sa

suite, seraient disposés pour le transporter partout où il voudrait se rendre. Des postes de l'armée insurgée devaient être placés à tous les relais, pour protéger son voyage (1). Tous les honneurs dûs à son rang lui seraient rendus, s'il le désirait. Tous les officiers et autres personnes de la suite du Prince avaient la faculté de s'embarquer avec lui. Il avait été, en outre, arrêté entre le général Gilli et le baron de Damas, qu'aucune troupe de ligne, excepté les escortes, ne se trouverait sur le passage du duc d'Angoulême.

En conséquence de cette convention, un courrier fut envoyé au général Grouchy pour suspendre sa marche, des ordres pour faire

(1) La route du Prince protégée par les armées impériales! Cette dernière disposition, sur laquelle appuya l'usurpateur dans sa lettre au général Grouchy, paraît d'abord surprenante, mais peut s'interpréter facilement : si ce n'était des attaques de la

cesser l'effusion du sang furent expédiés au premier corps d'armée et à la colonne commandée par le colonel Magnier. Dès le lendemain, le Prince fit exécuter la capitulation en ce qui concernait l'armée royale. Le régiment Royal-Etrangers sortit de La Pallue; toutes les Gardes Nationales, tous les Volontaires Royaux furent licenciés.

Quiconque a assisté à cette scène de douleur, en conservera long-temps le souvenir. Tous se soumettaient en gémissant à cette cruelle séparation; chaque colonne de Gardes Nationales désarmées qui traversait La Pallue pour retourner dans leurs départemens, s'arrêtait sous les fenêtres du Prince pour chercher à le voir une dernière fois. La colonne était déjà loin que tous les regards étaient encore

haine, c'était des tentatives du dévouement et de la fidélité qu'il s'agissait de préserver le Prince. C'est ainsi que toujours protégea l'usurpateur!

fixés vers la maison qu'il habitait, que tous le saluaient encore de leurs vœux et de l'expression touchante d'un dévouement inaltérable. Des soldats du 10° et de Royal-Etrangers rompaient leurs crosses, disant qu'*on ne pouvait plus servir;* des larmes ruisselaient sur la figure mâle et basanée des Grenadiers. Leur douleur se changea en indignation, quand un officier de l'armée rebelle, le général Le Tellier, se présenta dans la journée à La Pallue pour les passer en revue et changer leur colonel. Une grande partie refusa de s'assembler; l'attitude vigoureuse des autres, et la déclaration formelle que fit le colonel de ne pas se séparer de son régiment, mirent le général Le Tellier dans la nécessité de se retirer.

Tant de preuves de dévouement, de fidélité dans l'infortune, étaient en même temps pour le Prince un sujet de consolation et de peine; son âme se brisait à la seule idée de laisser exposés à la mauvaise foi et aux vengeances de l'usurpateur, des Français si bons et si généreux ; il s'enquérait de la position, des besoins de chacun, avec toute la délicatesse et la chaleur de l'amitié ; sans songer aux chances que lui présentait l'avenir, il épuisait sa cassette en secours et en gratifications. Le licenciement continua depuis le matin jusqu'à la chute du jour ; le village était évacué par toutes les troupes de l'armée royale, à l'exception du 10ᵉ de ligne.

Un morne silence avait succédé aux bruits et aux agitations de la journée, lorsque sur les huit heures du soir les cinquante Chasseurs destinés à l'escorte du Prince entrèrent dans le village et vinrent se ranger sous ses fenêtres. L'attitude menaçante de ces soldats rebelles, leur indiscipline et leurs propos bruyans, contrastaient avec la contenance triste, mais fière, des Grenadiers du 10ᵉ, rangés devant la maison du Prince. Tous avaient conservé leur cocarde blanche, tous ne pu-

rent retenir leurs larmes en le voyant mon-
ter en voiture et s'éloigner sous la garde de
ses ennemis. Quelques officiers de l'armée
royale, presque tous attachés à l'état-major,
qui n'avaient voulu sortir de La Pallue qu'a-
vec le Prince, furent aussi témoins de ce triste
spectacle. Introduits quelques heures auparavant dans son appartement, il avait accueilli
leurs derniers adieux avec une bonté, un
calme et une confiance dans l'avenir qui paraissaient une inspiration de la Providence.
Cette noble résignation n'en était pas à sa
dernière épreuve : le général Grouchy, arrivé au Saint-Esprit en même temps que le
Prince, fit venir le baron de Damas, et lui
déclara *qu'il ne pouvait ratifier une convention conclue sans sa participation, et qu'il se
croyait obligé de retenir le Prince au Saint-
Esprit, jusqu'à ce que l'empereur eût prononcé sur son sort.* Affreux calcul de l'ambition qui ne craignit pas dans son délire d'é-
changer contre quelques nouvelles faveurs

du tyran (1) la liberté et la vie d'un fils de France, d'un héritier de la couronne de Saint-Louis !

Le Prince reçut cette déclaration sans abattement comme sans surprise : en traitant avec la rébellion, il avait pu s'attendre au parjure ; mais il avait conservé de bons et fidèles sujets au Roi, tous ses vœux étaient remplis. Si une seule crainte put pénétrer dans son âme, ce fut que sa délivrance n'entraînât le Roi dans quelques concessions préjudiciables aux intérêts de sa couronne. « Je suis résigné à tout, écrivait-il à son auguste père en ces momens terribles, je ne crains ni la mort, ni la prison. » Paroles sublimes et touchantes, qui seules auraient pu prouver à l'usurpateur lui-même que son captif était au-dessus de toute rançon. Toujours fidèle aux

(1) Le bâton de maréchal de France. O Catinat ! ô Villars ! ô Fabert !

conventions, alors même que ses ennemis
les respectaient si peu, le Prince manda lui-
même au colonel Magnier qui avait refusé de
se conformer à la convention, dès qu'il avait
su son arrestation, de poser les armes, et de
maintenir sa parole donnée.

A la nouvelle sinistre de la captivité du
duc d'Angoulême, toute la France fut en
deuil, un cri de douleur s'échappa du sein
des provinces méridionales, qui, en proie
à tous les crimes, à tous les excès d'une
soldatesque effrénée (1), semblèrent oublier leurs maux pour ne penser qu'aux
dangers du Prince. L'usurpateur, en appre-

(1) Les soldats du général Gilli se portèrent, malgré les conventions, aux plus violentes extrémités
contre des Gardes Nationales et des Volontaires
Royaux désarmés; plusieurs furent dépouillés, quel-
ques-uns même assassinés. De semblables attentats
ont amené de tristes réactions, qu'ils peuvent expli-
quer, s'ils ne les justifient pas.

nant que le gendre de Louis XVI était en sa puissance, remercia encore une fois son étoile, et fit connaître toute sa *satisfaction* au général Grouchy ; mais cependant une foule de réflexions opposées vint bientôt assiéger son esprit. Frappera-t-il encore un coup d'Etat ; la raison politique, celle qui préside au conseil des tyrans, celle qui traîna au supplice, sous les tours de Vincennes, le fils du grand Condé, prononcera-t-elle encore dans cette circonstance sur le sort du fils de Saint-Louis ? Buonaparte fut quelque temps incertain ; mais au défaut de sa conscience, les menaces de l'avenir, la voix de la France et de l'Europe entière se firent entendre. L'usurpateur, embarrassé de sa conquête, manda au général Grouchy de faire conduire et embarquer le duc d'Angoulême au port de Cette.

Le Prince arriva le 16 avril, à huit heures du soir, dans cette ville qui devait plus tard donner au Roi des preuves si éclatantes de sa fidélité, et une heure après il monta sur un bâtiment suédois disposé pour le recevoir. La France en l'apprenant fut soulagée. Buonaparte avait eu, dit-on, des remords, des ordres contraires avaient été expédiés, mais heureusement arrivèrent trop tard, le Prince était embarqué, un vent favorable emportait rapidement vers une terre hospitalière l'honneur et l'espoir de la France.

NOTES

NOTES

ET PIÈCES JUSTIFICATIVES.

Formation et effectif du premier Corps
d'Armée.

Ce corps d'armée, commandé par M. le lieutenant-général Ernouf, fut porté à un effectif de
4,500 hommes, savoir :

Le 58ᵉ régiment d'infanterie de ligne..... 900
Le 83ᵉ *idem* 900
Compagnies du 87ᵉ *idem*............. 200
Dépôt du 9ᵉ de ligne................. 300
Gardes Nationales. 2200
Plus, quatre pièces de campagne servies par
une compagnie de................ 60

L'état-major du premier corps était ainsi composé :

Le lieutenant-général Ernouf, commandant en
chef.

Les maréchaux-de-camp : Gardanne, Peyremoud et Loverdo.

Le colonel-baron de Jessé, chef de l'état-major.

Le chevalier de Ferandy, capitaine, commandant l'artillerie.

Le chevalier Hardy, sous-inspecteur aux revues.

M. Guyon, commissaire des guerres.

Note sur la suite des opérations du lieutenant-général Ernouf.

Forcé, dans le cours de mon récit, de ne suivre que le deuxième corps, centre de tous les événemens, j'ai craint que la relation des mouvemens du corps d'armée de droite pût en ralentir l'intérêt; je la rapporte ici :

Depuis le 6 avril, le général Ernouf n'avait point reçu de lettre du quartier-général, lorsqu'il apprit dans la nuit du 11 au 12, que le duc d'Angoulême avait été réduit à traiter avec l'ennemi, et que son corps d'armée était dissous. Le 12 au matin, il apprit que le pont de Bonpas n'avait point été gardé; que le général Grouchy avait passé la Durance, et se dirigeait sur Aix, avec trois régimens d'infanterie, un de Dragons, et dix pièces d'artillerie. Le général Ernouf laissa sous les ordres du comte de Loverdo, le dépôt du 9ᵉ régiment de ligne, les compagnies du 87ᵉ, et les Gardes Nationales du Var et des Basses-Alpes ; il se dirigea sur Manosque, où il coucha le 12 au soir, avec les Gardes Nationales des Bouches-du-Rhône ; le bataillon d'élite de la Garde Urbaine de Marseille et l'artillerie. Le lendemain, il passa la Durance pour se porter sur Aix, chercher à gagner de vitesse le général Grouchy, et à occuper le défilé de Septême, pour couvrir Marseille.

Arrivé au village du Pin, à quatre lieues de cette ville, il eut connaissance de la proclamation du prince d'Esling, de l'ordre d'arborer le pavillon et la cocarde tricolores ; il apprit en même temps que des troupes sorties de Toulon marchaient sur Marseille. Le général Ernouf, se voyant à la veille d'être pris entre deux feux, crut ne pouvoir mieux faire que d'entrer de nuit dans cette ville, et d'y disperser sa troupe. Dans cette retraite, aucun homme ne fut perdu ni laissé en arrière. Le général Grouchy, qui arriva deux jours après dans Marseille avec ses troupes et celles de Toulon, ne fit aucune recherche sur le passé ; les persécutions et les dénonciations ne commencèrent que lors de l'arrivée du maréchal Brune.

Formation et effectif du deuxième Corps.

Les forces du deuxième corps pouvaient à peine être évaluées à 4000 hommes, savoir :

10e de ligne ou Colonel-Général.   900
Régiment Royal-Etrangers.   350
Le 14e Chasseurs à cheval.   300
Gardes Nationales des départemens du
    Gard, de l'Hérault, de Vaucluse. 2,200
Douze bouches à feu, dont deux servies
    par les Gardes Nationales.

Etat-Major du deuxième Corps.

Le lieutenant-général d'Aultanne, chef de l'état-major.

Le lieutenant-général Monnier.

Le baron de Damas, maréchal-de-camp, sous-chef de l'état-major.

Le maréchal-de-camp Berges, commandant l'artillerie.

Le vicomte d'Escars, maréchal-de-camp.

Le chevalier de Chef-de-Bien, ordonnateur en chef.

Note sur le 10ᵉ de ligne, ou régiment du Colonel-Général de l'infanterie française.

Les journaux de Buonaparte ont prétendu qu'à l'attaque du pont de la Drôme, une compagnie de Voltigeurs du 10ᵉ s'était précipitée sur le pont, en criant : *Vive l'Empereur !* qu'alors le passage leur étant ouvert, ils s'étaient rendus maîtres de la position sans coup férir.

Le contraire est précisément arrivé, ce sont les troupes rebelles, placées sur la rive droite de la Drôme, qui crièrent : *Vive le Roi !* Les Voltigeurs s'étant avancés avec confiance, furent entourés. Ce fut en vain qu'on voulut les forcer à crier : *Vive l'Empereur !* On les attaqua, plusieurs d'entre eux furent blessés, deux compagnies de grenadiers destinés à les soutenir, vinrent heureusement les délivrer.

Les bruits calomnieux répandus et accrédités à dessein contre ce fidèle régiment, avaient irrité contre lui les autres corps de l'armée, pour lesquels sa seule vue était un sujet de reproche et de honte. Le maréchal Suchet désirant le reconcilier avec les autres régimens de l'armée, donna, à cet effet, un ordre du jour qui m'a paru remarquable, en ce qu'au lieu d'opposer la vérité au mensonge, c'est tout simplement une autre fable inventée à plaisir, que substitua M. le maréchal à celle qui existait auparavant dans l'opinion de l'armée impériale.

Cet ordre du jour est assez curieux pour que je le transcrive ici.

Ordre du jour du 18 avril.

« Des bruits odieux ont été répandus sur la conduite du 10ᵉ régiment de ligne ; on a prétendu qu'un de ses bataillons passa le pont de la Drôme, et arbora le drapeau tricolore ; que les soldats du 39ᵉ s'avancèrent alors avec confiance, pour embrasser leurs camarades, mais, que tout-à coup, par la plus noire trahison, le 10ᵉ régiment reprit le drapeau blanc, fit une décharge, et tua quelques hommes du 39ᵉ.

« J'ai interrogé, et fait interroger des témoins des deux côtés, et le résultat de mes informations me met en état d'affirmer à l'armée, que ces rapports sont entièrement faux, et que les circonstances suivantes, dénaturées par l'esprit de parti, ont seules donné lieu à ces mensonges absurdes. »

« Quinze voltigeurs du 10.ᵉ, qui devançaient le régiment, mirent la crosse de leurs fusils en l'air en criant, *vive l'Empereur !* Deux compagnies de grenadiers du même régiment les suivaient au pas de charge ; un grand vent empêchait d'entendre les cris de *vive l'Empereur !* Les deux troupes des 10ᵉ et 39ᵉ se croyant chargées l'une par l'autre, l'engagement eut lieu involontairement ; quelques hommes égarés, auxquels on avait donné le nom de Gardes Nationales, maltraitèrent et pillèrent quelques soldats du 39ᵉ que la sécurité avait amenés parmi eux.

« Ainsi le 10ᵉ régiment n'a point trahi la confiance du 39ᵉ, ni terni la gloire qu'il s'était acquise.

« Des officiers qui ne sont plus dans ses rangs, et qui n'avaient jamais combattu dans ceux de l'armée française, l'ont un instant entraîné, à la faveur de l'ignorance où ils le laissaient des événemens : le corps entier s'est empressé d'adresser à l'Empereur l'expression de son respect et de son dévouement, de ses regrets d'avoir été trop long-temps abusé, et de son désir de se signaler de nouveau au service de l'Empereur et de la patrie.

Signé Maréchal Duc D'ALBUFERA.

La fidélité du 10ᵉ de ligne ne s'est point démentie même pendant les trois mois d'interrègne. Sa contenance triste et silencieuse sous les yeux de l'usurpateur, le jour où il le passa en revue, fut généralement remarquée. Quand le nouveau colonel, envoyé par le ministre de la guerre prince d'Eckmül , vint en prendre le commandement, après le départ du duc d'Angoulême , et voulut le haranguer aux cris de *vive l'Empereur !* il lui répondit par les cris de *vive le Roi !* Trente-deux officiers donnèrent le même jour leur démission. Le colonel d'Ambrugeac fut arrêté et conduit en prison. On a remarqué que l'étendard du régiment fut caché dans la voiture du Prince le dernier jour qu'on passa à La Pallue, à la connaissance de tous les soldats, et que pas un seul n'en a donné avis aux officiers généraux de Buonaparte pendant le séjour du Prince au Saint-Esprit. Les deux premiers Français qui saluèrent le duc d'Angoulême à sa rentrée en France sont des soldats du 10ᵉ, qui étaient venus l'attendre sur la frontière d'Espagne.

C'est sous les auspices du prince de Condé, colonel-général de l'infanterie française, que s'était formé ce régiment. La joie et la satisfaction que fit éprouver au Prince sa bonne conduite est difficile à exprimer.

Le style noble et touchant de la lettre suivante, écrite tout entière de sa main au colonel, peut seule en donner une idée.

« Mon cher d'Ambrugeac,

« Je ne puis me refuser à vous exprimer toute la joie (sentiment que je ne connaissais plus depuis deux mois) et que j'ai éprouvée hier en apprenant que vous aviez joint M. le duc d'Angoulême avec mon bon régiment de Colonel-Général ; que votre début (m'a-t-on assuré) avait été un succès, et que vous étiez à présent dans Lyon ; que Dieu vous y maintienne, si cela est possible, mais en tout cas ce ne sera la faute ni du Prince, ni celle du régiment, ni la vôtre ; assurez bien ce régiment que je prends et prendrai tout le reste de ma vie le plus vif intérêt à tout ce qui peut lui procurer de la gloire, non seulement dans les combats, mais par sa soumission à ses chefs, et sa sagesse envers les malheureux habitans qui ne sont pas coupables, mais victimes de l'ambition d'un seul homme. Je vous embrasse, mon cher d'Ambrugeac, avec toute la tendresse que je dois à votre conduite, et avec toute l'amitié que vous me connaissez pour vous. »

Louis-Joseph de Bourbon.

Bruxelles, 11 avril 1815.

Convention conclue entre le général Gilli et le baron de Damas.

« S. A. R. Monseigneur le duc d'Angoulême, commandant en chef l'armée Royale du midi, et M. le général de division baron Gilli, commandant en chef le premier corps de l'armée Impériale, pénétrés de la nécessité et du désir d'arrêter l'effusion de sang français, ont chargé de leurs pleins-pouvoirs, pour régler les articles d'une convention qui puisse assurer la tranquillité du midi de la France, savoir : son Altesse Royale, M. le baron de Damas, maréchal-de-camp, sous-chef d'état-major-général, et M. l'adjudant-commandant Lefebvre, chevalier de la Légion d'honneur, chef d'état-major du premier corps d'armée, lesquels, après avoir échangé leurs pouvoirs respectifs, sont convenus des articles suivans :

ARTICLE Ier.

L'armée Royale est licenciée ; les gardes nationales qui en font partie, sous quelque dénomination qu'elles aient été levées, rentreront chez elles après avoir déposé les armes ; il leur sera délivré des feuilles de route pour rentrer dans leurs foyers , et M. le général de division commandant en chef leur garantit qu'il ne sera jamais question de tout ce qui a pu être dit ou fait relativement aux événemens qui ont eu lieu avant la présente convention.

Les officiers conserveront leurs épées, les troupes de ligne qui font partie de cette armée se rendront dans les garnisons qui leur seront assignées.

II.

MM. les officiers généraux , officiers supérieurs d'état-major et autres de toutes armes, les chefs et employés de toutes administrations, dont il sera fourni un état nominatif à M. le général en chef, se retireront dans leurs foyers en attendant les ordres de sa Majesté l'Empereur.

III.

Les officiers de tous grades qui voudraient donner leur démission sont libres de le faire ; il leur sera accordé de suite des passe-ports pour rentrer dans leurs foyers.

IV.

Les caisses de l'armée et les registres du payeur-

général seront remis de suite aux commissaires nom-
més à cet effet par M. le général commandant en
chef.

V.

Les articles ci-dessus sont applicables aux corps
commandés par Mgr le duc d'Angoulême en personne,
et à tous ceux qui agissent séparément sous ses ordres, et qui font partie de l'armée Royale du midi.

VI.

S. A. R. se rendra en poste au port de Cette, où
les bâtimens nécessaires pour elle et sa suite seront
disposés pour la transporter partout où elle voudra se
rendre ; des postes de l'armée Impériale seront placés à tous les relais pour protéger le voyage de S. A.,
et il lui sera rendu partout les honneurs dus à son
rang, si elle le désire.

VII.

Tous les officiers, et autres personnes de la suite
de S. A. qui désirent la suivre, auront la faculté de
s'embarquer avec elle, soit qu'ils veuillent partir de
suite, soit qu'ils demandent le temps nécessaire pour
arranger leurs affaires particulières.

VIII.

Le présent traité restera secret jusqu'à ce que S.A. ait quitté le territoire de l'Empire.

Fait en double expédition et convenu entre les chargés de pouvoirs ci-dessus désignés, le huitième jour d'avril de l'an mil huit cent quinze, sous l'approbation de M. le général commandant en chef, et ont signé.

Au quartier-général du Pont-Saint-Esprit, les jour et an ci-dessus.

> L'adjudant-commandant chef d'état-major du premier corps de l'armée impériale du midi,
>
> *Signé* **LEFEBVRE.**

> Le maréchal-de-camp sous-chef d'état-major-général,
>
> Le Baron **DE DAMAS.**

Approuvé la présente convention par le général de division commandant en chef l'armée impériale du midi,

Baron **GILLI.**

SUR BORDEAUX.

ToUTE la France sait quelle fut l'attitude de
MADAME dans cette ville, tandis que son auguste
époux marchait contre l'usurpateur. Parmi les hommes
qui rivalisèrent, sous les yeux de MADAME, de dévouement au Roi, M. Laisné, président de la Chambre
des Députés, se fit remarquer par un courage et une
énergie, dont la réponse suivante, à une offre du duc
d'Otrante, peut donner une idée.

« Comme le duc d'Otrante, se disant ministre de
la police, m'outrage assez pour me faire dire que je
peux rester en sûreté à Bordeaux, et vaquer aux travaux de ma profession, je déclare que si son maître et
ses odieux agens ne me respectent pas assez pour me
faire mourir pour mon pays, je les méprise trop pour
recevoir leurs outrageans avis ; qu'ils sachent qu'après
avoir lu, le 20 mars dans la salle des séances, la proclamation du Roi, au moment où les soldats de Buonaparte entraient dans Paris, je suis venu dans le pays
qui m'a député, que j'y suis à mon poste, sous les ordres de madame la duchesse d'Angoulême, occupé à

conserver l'honneur et la liberté d'une partie de la France, en attendant que le reste soit délivré de la plus honteuse tyrannie qui ait jamais menacé un grand peuple.

« Non, je ne serai jamais soumis à Napoléon Buonaparte, et celui qui a été honoré de la qualité de chef des représentans de la France, aspire à l'honneur d'être en son pays la première victime de l'ennemi du Roi, de la patrie et de la liberté, si, ce qui n'arrivera pas, il était réduit à l'impuissance de contribuer à les défendre. »

Rapport sur l'insurrection de la ville de Cette.

La ville de Cette où vint s'embarquer le Prince, en vertu de la convention de La Pallue, et qui, dans cette triste circonstance, reçut ses derniers adieux au midi et à la France, ne tarda point à donner au Roi des preuves signalées de son dévouement, ainsi que l'atteste le rapport suivant, adressé au duc d'Angoulême par le maire de cette ville, nommé sous l'usurpation par le commissaire du Roi, gouverneur de la place et du Port.

« MONSEIGNEUR,

« Oserai-je rappeler à V. A. R. qu'au moment de son départ de Cette, sur ma demande de la suivre et de tout abandonner pour elle, elle daigna m'ordonner de rester dans cette ville, et d'y conserver le plus long-temps possible, pour les intérêts du Roi, la place de maire à laquelle Sa Majesté avait bien voulu me nommer ?

« La confiance dont elle daigna alors m'honorer fut telle qu'elle m'investit verbalement des pouvoirs les plus étendus au civil et au militaire, pour en faire usage, soit immédiatement, soit lorsque l'occasion se présenterait, d'opérer un mouvement utile aux intérêts de la bonne cause. Votre Altesse Royale désirait même m'en délivrer la commission par écrit ; mais elle voulut bien accueillir mes observations sur les dangers que la rédaction de ces pièces pourrait lui faire courir dans un moment où elle était surveillée de la manière la plus active, et où l'on épiait jusqu'à la moindre des démarches que j'étais trop heureux de faire auprès d'elle.

« Je passai, depuis cette époque jusqu'à celle de

ma destitution, le temps le plus cruel et le plus cri-
tique. Obligé de descendre à des souplesses qui répu-
gnent à mes principes pour arriver à mon but et pour
paralyser toutes les mesures du gouvernement de Buonaparte, soit en arrêtant la marche des levées militaires, soit en entravant et retardant la rentrée des
contributions et des réquisitions. L'arrivée du général
Gilli, dans le département de l'Hérault, fut le signal
de ma retraite forcée; je fus destitué par son arrêté du
5 mai dernier. Retiré à la campagne pour me sous-
traire à un exil, j'ai toujours cherché, malgré les dangers de ma position, à entretenir le bon esprit des habitans de Cette et à correspondre avec tout ce qu'il y
avait de bien pensant et de bien disposé dans nos en-
virons.

« Enfin, les nouvelles politiques ayant annoncé
la destruction de l'armée de Buonaparte au champ de
Waterloo, la population de la ville de Cette, dont je
ne puis trop vanter l'énergie, le courage et le dévouement sans bornes à la cause du Roi, expulsa, le 29 juin
dernier, sans armes et sans secours étrangers, une
garnison nombreuse et dévouée tout entière à l'usurpateur. De cette époque datent notre affranchissement
et notre bonheur. Le drapeau blanc est arboré, toutes

les autorités royales rentrent dans leurs fonctions ;
toutes les mesures sont prises pour mettre une si pré—
cieuse conquête à l'abri des attaques de l'ennemi et
pour en faire le centre de toutes les opérations de
l'armée royale du département de l'Hérault.

FIN.

DE L'IMPRIMERIE D'ADRIEN EGRON,
rue des Noyers, n° 57.